"人生学校"成立于 2008 年,是一个由英国知名作家阿兰·德波顿创建的文化平台,旨在通过电影、工作坊、图书、礼物以及温暖又富于支持的社群,来帮助人们过上更充实、更有意义的生活。在优免平台已经拥有超过 900 万订阅者。

很多人在年轻时天真地以为校园学习就是掌握全部知识的途径,长大后才发现在学校里很多东西是学不到的,很多问题更是连思考的机会都没有。德波顿利用自己的影响力创办"人生学校",挑战传统大学教育,重新组织知识架构,令其和日常生活更贴近,让文化更好地为人们服务。

"人生学校"出版的图书都与人们日常生活中的重要问题直接相关,并相信最为棘手的问题皆因缺乏自我觉知、同理心和有效沟通而起。本次首批引进的 11 册,聚焦于情感议题,从如何寻找一个合适的伴侣,到如何长久地经营一段亲密关系,给出了全方位的建议。

扫 码 关 注

我们提供知识 以应对变化的世界

人生学校·The School of Life

为什么会爱错人

[英]阿兰·德波顿 / 主编

[英]人生学校 / 著   马思遥 / 译

中信出版集团 | 北京

(Why You Will Marry the Wrong Person)♡

By

The School of Life

目录

一、为什么会爱错人 / 001
1. 我们不了解自己 / 005
2. 我们不了解别人 / 009
3. 我们不习惯幸福的感觉 / 013
4. 单身太难受了 / 015
5. 直觉的地位过高 / 018
6. 我们不学习怎么去爱 / 020
7. 我们想让幸福永久保鲜 / 023
8. 我们以为自己很特别 / 028
9. 我们不想再思考爱情问题 / 030

二、什么时候结婚合适 / 031
1. 放弃对完美的追求 / 035
2. 不再期望得到理解 / 037

3. 承认自己脾气古怪 / 039

4. 准备好去爱人而不只是被爱 / 040

5. 做好准备要经营婚姻 / 044

三、爱情故事为何会破坏爱情 / 047

1. 我们需要明白性和爱既可以融为一体，

也可以相互独立 / 049

2. 我们要乐于被对方教育，也要耐心教育对方 / 052

3. 我们需要意识到对方没有那么合适 / 053

一、为什么会爱错人

"没有比擦亮眼睛找对人更重要的事了。"

任何一个婚恋对象肯定都不完美。

我们从来不会指望自己每一天都过得很幸福，我们也知道完美根本不存在。然而在有些婚恋关系中，矛盾却根深蒂固，充满着愤怒与失望。于是我们不得不承认，有时候，问题可能不只是磕磕碰碰那么简单，有的人可能是爱错了人。

在如今这个开明、信息丰富的时代，为什么还会有人爱错人呢？坦白来讲，这种错误真是太常见了。无论我们在学术或者事业上有多高的成就，可能都没法避免自己爱错人——要不然，聪明人肯定不会遇到感情问题了。

这种错误我们每个人都会犯，可能还会带

来严重的后果（除了给我们自己，还会给国家、企业和下一代都带来相当大的负担），所以，好像没有比擦亮眼睛找对人更重要的事了。

  尤其让人难受的是，我们爱错人的原因其实非常简单，其中没什么复杂的逻辑。我们之所以能亲手毁掉自己的人生，原因用一篇文章就能概括出来，一般可以归为以下几种基本类别。

1.
我们不了解自己

刚开始寻找伴侣的时候,我们提出的要求都带着感性和朦胧的迷人色彩。我们会说,自己的另一半要"善良""风趣""有魅力""喜欢冒险"等。

并不是我们这么想有什么错,只是我们根本不了解究竟什么样的人会让我们变得更快乐,或者更准确地说,会让我们从郁郁寡欢的状态中脱离出来。

我们每个人都有些特别的"疯狂"之处。我们每个人都有自己神经质、不理性和幼稚的一面,但我们对此一无所知,因为从来都没有人敦促我们去探个究竟。所以,在谈恋爱的时候,一个紧迫且首要的任务就是:弄明白自己究竟在哪些方面是疯狂的。我们要了解自己情绪的变化、情绪产生的根源、情绪的作用，以及最重要的一点，什么样的人会引起或平息这些情绪。

良好的伴侣关系，与其说是由两个心理健康的人建立起来的，不如说是由两个精神错乱的人建立起来的——他们凭着能力或者运气找到了彼此，能稳住彼此失控的情绪。

如果有人对外宣称自己是个容易相处的人，那这个人未来的伴侣可能就要警惕起来了。我们之所以会觉得有些人很"正常"，只是因为我们跟他们不熟。

关键在于每个人的问题出现在哪里。可能有的人在别人提出异议的时候更容易生气，有的人只有在工作的时候才能放松，有的人很难接受性爱之后还需要亲密，有的人在焦虑的时候从来都说不清自己到底在焦虑些什么。

长久以来，就是这些问题坏了一桩桩好事。我们需要提前做好功课，这样才能找到最合适的人来跟自己一起面对这些问题。比如，刚开始约会的时候，两人共进晚餐，就可以聊这样一个简单的问题：你会因什么而感到不悦？

问题在于，想要了解自己情绪化的一面并不容易，可能需要总结自己很多年来的不同经历才行。然而，步入婚姻之前，我们很少有机会去反思自己情绪化的原因。

如果我们没想结婚，只是想随便谈个恋爱，自己烦人的性格一旦浮出水面，我们就会开始指责对方，然后一走了之。而朋友肯定不会那么关心我们，他们没有任何理由督促我们去探究真实的自我，只是想跟我们一起出去找点乐子。所以，我们往往会忽视自己难以相处的一面。

在独处的时候，如果想发脾气，我们都是生闷气，不会喊出声，因为周围没有听众，我们因此忽视了自己的愤怒有多大的能量。在我们独自专心忙着工作的时候，没人打断我们叫我们去吃饭，这让我们有种对生活的掌控感；但如果有人打断我们的工作，我们可能就会拍案而起。到了夜深人静的时候，我们会想，要是有人抱一下就好了；但如果察觉自己在感情里陷得太深，我们就又会变得冷漠。一直以来，我们只是没有机会去正视自己对亲密关系的逃避。

总而言之，独自生活会给我们带来一种巨大的优越感，让我们产生一种美好的错觉，以为自己是一个非常好相处的人。

既然我们对自己的性格了解甚少，也就难怪我们不知道自己想要寻找什么样的伴侣了。

2.
我们不了解别人

这个问题更复杂,因为别人也和我们一样自我认知水平很低。他们无论多么善解人意,也都和我们一样,没法了解自己哪里有问题,更没法跟我们讲清楚。

当然我们会试着去了解他们。我们会去见他们的家人,还可能会去他们小时候上学的地方看看。我们会看看他们的老照片,见见他们的朋友。这些事会让我们觉得自己已经做完了所有功课,已经完全了解他们了。但这就好比我们扔的纸飞机能在屋里成功飞一圈,我们就觉得自己真的会开飞机了一样。

如果我们生活在文明程度更高的社会,两个人在成为婚姻伴侣之前会填写详细的心理问卷，然后让心理学家团队对自己进行深度评估。现在听起来这像是个笑话，但等到 2100 年，大家就不会这么觉得了，而是会想，以前的人怎么花这么长时间才想到这个主意。

我们需要知道自己未来的结婚对象是怎么想的。我们需要了解对方如何看待权威、耻辱、内省、性亲密、心理投射、财富、后代、衰老、忠诚，了解他们对于诸如此类上百种事物的态度或立场。

普通人无法通过一次简简单单的聊天就获得这些信息，我们需要拥有心理学博士般的洞察力才能找到答案。

在这种情况下，我们很大程度上就会根据对方的外形做出判断。外形当然很重要，所以我们才会一直关注对方有多好看。眼睛、鼻子、额头的形状、雀斑的分布和笑容等特征似乎能给我们提供很多信息，但这就像一张从核电站外面拍的照片一样，我们怎么能指望通过这张照片看懂核裂变发电的原理呢？

一、为什么会爱错人

我们只根据一点点证据,就把一系列完美的品质投射到心爱的人身上,用一些细碎而生动的细节拼凑出一个完整的人。我们这是在用自己的眼睛进行观察,通过对方的面部特征主观构建对方的内在性格。

在欣赏亨利·马蒂斯的画作《蓬帕杜尔夫人》的时候,我们不会觉得眼前是一个没有鼻孔、没有睫毛、只有八缕头发的人,而是会自动把缺失的部分补充出来,只是我们自己意识不到。

我们的大脑会本能地把视觉中的细枝末节拼凑成完整的形象。我们在了解未来伴侣的性格时,也会做出相同的反应。我们在补全信息方面已经堪称老艺术家了,只是我们对自己这个特点并不是很认同,也经常会为此付出巨大的代价。

现代社会能给我们提供的支持、认可与包容,与结婚所需的认知相去甚远。我们的社会实践完全无法让我们避免找到那个错的人。全社会对婚礼的兴趣比对婚姻本身的兴趣要大得多。

为什么会爱错人

亨利·马蒂斯《蓬帕杜尔夫人》(1951年)

3.
我们不习惯幸福的感觉

我们相信自己能在爱情中感到幸福,但事实没那么简单。有的时候,我们追求的其实是一种熟悉的感觉,这会干扰我们对幸福的追求。

成年以后,我们在处理关系的时候会重现自己童年时的一些感受,因为我们就是从童年开始接触和了解爱的含义的。

可惜的是,我们学习到的爱并不是简单直接的,而是夹杂着很多不那么愉快的感受——受人控制,感到屈辱,被人抛弃,缺乏沟通等。一言以蔽之,夹杂着痛苦。

作为成年人，我们可能会拒绝一些潜在的高质量伴侣。并不是因为他们哪里不好，恰恰相反，是因为他们太通情达理（太成熟、太善解人意、太可靠）。这种完美会让人感到陌生，甚至让人觉得有些压抑。我们选择那些吸引我们潜意识的对象，不是因为他们会让我们多开心，而是因为他们给我们带来的负面情绪让我们有种熟悉的感觉。

我们会爱上错误的人，因为对的人反而让我们感觉不对，让我们感觉自己不配。我们没有体会过健康的关系，无论口头上怎么说，我们都不会把被爱和满足感联系在一起，所以我们才会找错人。

4.
单身太难受了

一个人开始觉得单身无法忍受的时候，就肯定不会以理性的态度去寻找伴侣。

为了有机会开启一段良好的关系，即使我们将要面对多年的单身生活，也必须做到与孤独和平共处。否则，我们爱上的只会是摆脱单身的感觉，而不是让我们摆脱单身的那个人。

但不幸的是，过了一定年龄之后，单身人士的社会处境变得异常艰难。单身人士的社交生活开始逐渐消失：情侣感受到自己单身朋友的独立性带来的威胁，所以很少叫他们一起玩。单身人士一个人去看电影也开始觉得自己格格不入。

如果社会能变换一种形态则会好得多，变成大学或者基布兹①那样，大家可以一起吃饭，共享各种设施，经常组织聚会……这样的话，每一个觉得自己适合结婚的人就能够确定，自己结婚是为了享受婚姻关系的好处，而非想要逃避单身生活的坏处。

以前，只有结婚以后才能有性行为。可是后来人们发现，为了性去结婚是错误的，这只是社会中人为加上限制的东西。现在，在决定和谁结婚的时候，人们可以自由地做出更好的选择，而不仅仅是出于想要满足自己强烈的性欲了。

然而，其他方面仍然存在问题。如果只有夫妻或者情侣之间才能够提供真正的陪伴，那么为了逃避孤独，

---

① 基布兹：意为"团体""集体"。——编者注

大家就都会去恋爱结婚。

是时候让"陪伴"摆脱爱情概念的束缚了,应该让它的范围变得更广,难度也变得更低。

5.
直觉的地位过高

过去，婚姻是一件理性的事情，婚姻的一切都关乎土地的结合。当时的婚姻冰冷无情，与夫妻感情好坏毫无关系。这种传统至今让我们心有余悸。

后来，理性婚姻开始为直觉婚姻（也就是浪漫婚姻）所取代。直觉婚姻认为，双方的感受才是进入婚姻的唯一标准。如果一个人能在这段婚姻中感受到爱，那就够了，无须考虑其他问题，感受是最重要的。在两人坠入爱河的时候，外人只要赞颂爱神的降临就可以了。

双方父母可能惊讶于两个人会选择这样的婚姻，但他们也只能认为，这对新人知道什么才是对自己最有益的。

一、为什么会爱错人

在过去的三百年间,我们整个社会一直在反抗之前几百年婚姻中的偏见、歧视和乏味等各种无益的干扰。

早先的理性婚姻过于谨慎和迂腐,于是,直觉婚姻出现了一大特点:认为我们不应该去深究我们到底为什么结婚。分析结婚的原因一点都不浪漫,把婚姻的优缺点都列出来简直荒谬又冷酷。

直觉婚姻认为,一个人能做的最浪漫的事就是:与对方在一起还没几个星期,甚至还没来得及考虑几千年来理性婚姻带来的痛苦,就凭着一时冲动直接求婚。

这种轻率的行为之所以看上去能成为婚姻成功的标志,是因为过去理性婚姻的"保守"阻碍了人们对幸福的追求。

6.
我们不学习怎么去爱

第三种婚姻应运而生——由心理学支撑的婚姻。

在这种婚姻中,结婚不是为了土地,也不是单纯为了感情。只有当感情已经通过了考验,两个心智成熟的人思考过后都表示认可,才会走到结婚这一步。

今天,结婚之前,我们对婚姻一无所知。我们几乎从来不会专门阅读有关婚姻的书,不会和小孩在一起待太久,也不会和其他已婚或者离婚的人深入探讨婚姻问题。

至于有些人婚姻失败,我们也只是归因于他们太蠢,或者他们缺乏生活创意。

一、为什么会爱错人

在理性婚姻时代，结婚的双方可能会考虑以下问题。

- 双方的父母是谁？
- 双方拥有多少土地？
- 双方在文化上有多少相似之处？

在直觉婚姻时代，结婚的双方可能会通过以下标准来判断对方是不是正确的选择。

- 无法停止对另一半的思念。
- 对另一半的肉体着迷。
- 认为另一半是个天使。
- 与另一半有不停交流的欲望。

我们需要设定一套新的标准。应该考虑以下几方面问题。

- 对方会因为什么生气?
- 如何与对方一起抚养孩子?
- 如何共同成长?
- 如何维持友谊?

7.
我们想让幸福永久保鲜

我们都有一种迫切的渴望——想让美好的事物永远存在下去。我们想拥有屏幕上的汽车,想定居在旅行时爱上的那个国家,想和当下这个让我们开心的人结婚。

我们以为,婚姻是留存两人幸福瞬间的保证,能让转瞬即逝的快乐成为永恒。我们把婚姻当成一个瓶子,把我们的快乐——比如我们第一次想到求婚时的快乐——封存起来:在威尼斯的潟湖上,坐着摩托艇,看着夕阳在海面泛着金光,想着一会儿要去一家海鲜饭馆吃晚饭,爱人穿着羊绒衫依偎在我们的怀里。我们结婚就是想要永远留住这种感觉。

遗憾的是，婚姻和这种感觉之间并没有必然的联系。这种感觉是威尼斯带来的，来自一天中的某个时刻，来自工作之余的清闲，来自一次愉快的晚餐，来自两个人相识不过两个月……这些感觉都不是婚姻能增加或者能保证的。

婚姻根本不会让时间永远定格在那个瞬间。那个瞬间之所以会出现，是因为两人还不够了解对方，是因为没有工作压力，是因为住在大运河边一家漂亮的酒店，是因为在古根海姆博物馆度过了一个开心的下午，还吃了一份巧克力冰激凌……

结婚无法让感情维持在这个美好的阶段，也掌控不了我们的幸福应该包含哪些要素。婚姻会立即把恋爱关系转向一个截然不同的状态：搬到郊区，长途通勤，养两个孩子。结婚前后唯一的共同点就是身边的伴侣，而这个伴侣还可能是婚姻里的那个错误。

19世纪印象派画家建立了一套含蓄内敛的理论体系，用来描绘那些稍纵即逝的事物。这套理论体系给我们指出了一个更加明智的方向。他们认为，短暂易逝是幸福的本质特征。这样的理论可以让我们用更加平和的心态去面对幸福的瞬间。

在一幅冬季风景画中，法国画家阿尔弗莱德·西斯莱描绘了一个美好又短暂的画面。黄昏时分，太阳即将消失在地平线。就在这一瞬，天空中的光辉让光秃秃的树枝看起来不那么冷峻了，白雪和灰墙形成了一种宁静的和谐，画面看起来少了几分冷清，多了一丝活泼。而再过几分钟，夜幕就要降临了。

印象派感兴趣的是：我们最喜欢的东西都是不断变化的，都只是过眼云烟。印象派赞颂的是短短几分钟的美，而不是年复一年的永恒的美。在这幅画里，雪是美的，但最终会融化；天空是美的，但暮色就要来临。这种艺术风格孕育了一种远远超出艺术本身的生活技巧，让人感受和关注这些昙花一现的瞬间。

人生的高峰往往是短暂的，人生中的幸福也不是年复一年会永恒到来。有了印象派的指引，我们应该时刻

为什么会爱错人

阿尔弗莱德·西斯莱《马尔利勒鲁瓦的池塘》(1875 年)

准备着迎接生活中每一个零星的美妙瞬间。我们不要指望着把这些瞬间变成永恒,也不需要把这些瞬间变成婚姻。

8.
我们以为自己很特别

统计数据并不乐观。每个人身边都有很多不幸的婚姻，都见过自己的朋友尝试着经营婚姻，却以失败告终。我们都很清楚，一般来讲，婚姻总会面临无数挑战，我们却很难把这种见解用到自己身上。我们想当然地认为，这个"定律"只适用于别人。

这是因为，虽然从粗略的统计数据来看，半数的婚姻都会失败，但这个比例好像也还可以。恋爱中的人都会觉得自己已经是极少数的幸运者之一，也会觉得自己的另一半简直是万里挑一，手握这样的胜算，拿结婚赌一把,好像也是个十拿九稳的事。

  我们偷偷把自己排除在定律之外,这无可厚非。但是如果鼓起勇气去面对平凡的命运,我们会受益匪浅。

9.
我们不想再思考爱情问题

在结婚之前,我们的感情可能已经有过多年的起伏。我们试着和不喜欢我们的人在一起;我们谈了恋爱又分手;我们出去参加各种聚会,希望能结识新的人;我们也体会过兴奋和失望。

所以也难怪,到了一定的时候,我们就会觉得精疲力尽。我们想结婚,一部分原因就是为了摆脱爱情对我们精神的消耗与束缚。我们被那些有头无尾的闹剧和刺激弄得疲惫不堪,也被其他的考验搅得心神不宁,我们希望婚姻能彻底结束爱情对我们生活的折磨。

二、什么时候结婚合适

"找不到合适的时候,
也没有合适的时候。"

找不到合适的时候,也没有合适的时候。单身生活里的怀疑、希望、恐惧、拒绝和背叛,不会随着结婚而变少。只有还没有踏入婚姻的人才会觉得婚姻和谐又平淡,甚至觉得婚姻的乏味都让人羡慕。

理想情况下,做好结婚的准备需要先接受教育。我们不再相信理性婚姻,也开始看到直觉婚姻的弊端,现在我们来到了心理学婚姻的时代。

过去,婚姻是当人们在财务或者社会地位上达到一定水平才会考虑的事,比如名下有了房产,壁炉上挂着一排证书,有了几头牛、一块地。

在浪漫主义意识形态的影响下，传统的理性婚姻看起来充满了利益和算计，于是婚姻的焦点转移到了情感上。人们开始发现，感觉对了很重要，它是良好婚姻的真正标志。"对的感觉"包括觉得对方是那个"唯一"，两人能完全理解对方，而且都不想再和其他人上床。

这些想法挺让人感动，但事实证明，可能正是这些想法导致了婚姻的破裂。有数百万对夫妻本来理智又善良，却因为这些想法让情感生活变得满目疮痍。

所以接下来，本书要提出一套截然不同的原则来纠正这些看法，双方可以参照这套原则考虑自己是否已经做好了结婚的准备。

若要做好结婚的准备，我们需要……

1.
放弃对完美的追求

我们要做的不仅仅是泛泛地承认自己的结婚对象离完美还差得远,还应该了解他们的不完美之处:他们烦人、挑剔、无理取闹,还经常没法跟我们共情或是不理解我们。所以结婚誓词应该改写一下,把这句话加进去:虽然面前这个人经常惹我生气,但我同意和对方结婚。

我们绝不能把这些缺陷当成个例。不存在谁比谁好的问题,大家都一样差劲。我们无论和谁在一起,处理各种重要的事时都会发现对方离完美还差得远。我们必须彻底打消追求完美的想法,因为整个银河系里就没有十全十美的东西，婚姻也只是能做到"差强人意"而已。

为了让这个想法深入人心，有必要在结婚前多谈几次恋爱。这么做并不是为了找到"合适的人"，而是为了有足够的机会亲临各种不同的环境，观察每个人在近距离接触的时候会有什么问题（哪怕在最开始接近他们的时候我们充满了兴奋与期待）。

2.
不再期望得到理解

　　爱往往始于对方给我们带来的体验，始于他们对我们深刻的理解和超乎寻常的支持。他们了解我们的孤独，知道我们的笑点。他们与我们讨厌的人都一样，想尝试的性爱场景也一样。

　　但这种感觉无法持续。所以结婚誓词里还应该有这句话：无论对方多么懂我，他看到的也只是冰山一角，我的内心深处有很大一部分，是他或者其他任何人，甚至是我自己都无法理解的。

　　如果我们的另一半没能正确解读或者了解我们的心理状况，我们不应该加以指责。他们并非可悲地无能，只是压根没有办法了解我们是谁,没有办法知道我们想要什么。这很正常。因为没人能真正理解别人,自然也就无法与别人完全共情。

3.
承认自己脾气古怪

这跟我们的直觉大相径庭,我们都觉得自己很正常,觉得自己没什么毛病,都是别人的问题……

但是,心智成熟的基础就是意识到自己的愚蠢,意识到自己无法掌控什么——无法掌控过去,也无法规划未来,永远处在焦虑之中——说好听点就是,意识到自己是个傻子。

如果有人不会因为自己古怪的脾气而感到万分尴尬,那只不过是因为这种人有种非常危险的能力——选择性记忆。

4.
准备好去爱人而不只是被爱

令人困惑的是,我们总是把"爱"说成一件事,而不是把它分成截然不同的两件事——被爱与爱。当我们准备好去爱别人,而不是特别幼稚地迷恋被爱时,才可以去结婚。

我们一开始只知道"被爱",这样很不对,却似乎是一种常态。对孩子来说,被爱就是父母自然而然地出现在身边,安慰情绪、提供指引、互动娱乐、提供吃喝、打扫卫生,而且一直都要保持温柔和开心。

父母不会说自己咽下了多少苦水,不会说自己忍住了多少眼泪,不会说自己带了一整天孩子最后累得连衣

二、什么时候结婚合适

服都没力气脱。这种爱完全就是单向且没有回报的。

父母是付出爱的一方,他们不指望自己能得到什么惊天动地的回报。如果孩子没有注意到父母的新发型,没有问父母今天的会议开得怎么样,也没有说让他们上楼歇一会儿,父母也不会不开心。父母和孩子可能都在"爱",但双方分别处于爱与被爱的两端,而孩子意识不到这一点。

所以,在成年以后,我们第一次提到自己向往爱情,主要想说的是希望自己"被爱",就像曾经得到父母的爱一样。

我们希望成年以后也能得到照顾和宠爱。我们暗自想象,会有那么一个人,能理解我们的需求,能给我们带来我们想要的东西,对我们充满耐心和支持,能无私奉献,能化解一切难题。

这种想法大错特错。为了建立良好的婚姻关系,我们需要坚定地抛弃孩子这个身份,走到父母的位置上。我们得学会让对方的需求优先于自己的需求和关切。

还有一课值得我们进一步学习。孩子在跟父母说"我恨你"的时候，父母不会吓得目瞪口呆，也不会威胁说要离家出走再也不回来，因为他们明白，孩子这么说根本就没经过深入的思考，没有耐心地评估双方的关系状况。孩子会这么说，可能就是因为饿了，或者丢了一块重要的乐高，或者父母前一天晚上出去应酬没在家，或者父母不让他们玩游戏，或者他们耳朵疼……

为人父母以后，听孩子说话就不只是听孩子说了什么，而是开始去听他们的言外之意。孩子还不知道怎么表达"我很孤独、我很痛苦、我很害怕"，于是这些难过的情绪就表现为撒气，而撒气的对象就是自己的世界里最安全、最善良、最可靠的人——父母。

但我们和伴侣做到这一步——倾听他们的真实需求，而不是仅仅（愤怒地）回应他们所说的内容——是非常困难的。

二、什么时候结婚合适

所以结婚誓词里还应该有一句:"每当我拥有爱的力量,我都会模仿那些曾经爱我的人,像他们关心我那样关心我的伴侣。照顾对方不会不公平,也不会背离爱的本质。这是唯一真正配得上'爱'这个崇高字眼的爱。"

5.
做好准备要经营婚姻

浪漫主义者会本能地从情感的角度看待婚姻。但一对夫妻携手走过一生其实和共同经营一家小公司很相似,必须整理工作清单,打扫卫生、开车、做饭、修理东西、扔垃圾、操心琐事、雇佣、解雇、妥协、负责生活开销,等等。

在当前的社会分工里,这些琐事毫无魅力可言,所以被迫做这些事的人可能会产生怨恨,感觉自己的生活出了问题,只能围着这些事情转。

然而,这些琐事才是真正的"浪漫",是真正"让

二、什么时候结婚合适

爱情保鲜"的事。这些琐事应该被誉为婚姻成功的基石,并且像登山和赛车一样,享有社会中的荣誉。

最重要的一句结婚誓词应该是:"我以操持家事为荣。"

三、爱情故事为何会破坏爱情

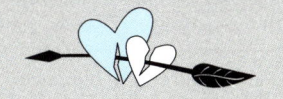

"合适是相爱的成果,
　而不是相爱的先决条件。"

1.

我们需要明白性和爱既可以融为一体，
也可以相互独立

浪漫主义认为性和爱不可分割。但实际上，性和爱共存的时间也就短短几个月，顶多不会超过两年。

这不是任何人的错，因为婚姻里还有其他的关键问题（陪伴、经营、父母、孩子等），性生活会受到影响。当我们能接受相当程度的性妥协并承担起升华的任务时，我们就可以准备结婚了。

双方都必须小心避免让婚姻全都围绕着性。双方必须从一开始就列出自己觉得最困难的问题，并且逐一制订应对方案，比如某一方出轨怎么办。如果能成熟地对待出轨与被出轨的问题,就算是做好了结婚的准备。

一方面,一个人如果心智不够成熟,就会这样看待出轨:性不一定是爱的一部分,性来得快去得快,就像打网球一样,也不需要有什么意义;婚姻双方不应该想着占有对方的身体,只不过是去寻点开心而已,伴侣不应该这么介意。

这么想就属于故意无视人性的坚实基础。任何人在伴侣出轨以后都会觉得自己不够好,内心会受到重创,永远都过不去这个坎。双方都需要尊重和理解伴侣,也必须尽最大努力抵制自己想和他人发生性关系的冲动。最重要的一点是,永远不要告诉伴侣不应该嫉妒,或者嫉妒不对、不好,或者说嫉妒是世俗的概念。

而另一方面,一个人也应该为伴侣出轨做好心理准备。也就是说,应该努力去弄明白伴侣的心理动机。

大家可能会认为,伴侣出轨无外乎想让自己难堪,或者两人的爱全都从人间蒸发了,但实际上可能并非如此。不过,接受这个事实是一项需要多加练习才能掌握的技能,就像学习外语或者乐器一样。

如果这两种困难都能克服,就可以准备结婚了。要相信伴侣有能力把爱和性分开,同时也要相信伴侣不会一直让爱与性分离。

2.
我们要乐于被对方教育,也要耐心教育对方

　　如果我们能够接受伴侣在一些重要的领域比我们更聪明、更理性、更成熟,那我们就可以准备结婚了。

　　我们应该向伴侣学习,应该接受他们指出我们的问题。在关键问题上,我们应该把伴侣当成老师,把自己当成学生。同时,我们也要承担起教育伴侣的责任,要当一个好老师,不要大喊大叫,不要乱发脾气,也不要指望我们不说伴侣也能知道。应该把婚姻当成相互教育的过程。

3.
我们需要意识到对方没有那么合适

浪漫主义婚姻观强调,"对"的人就意味着要和我们有共同的品位、兴趣和生活态度。在短期内,这种想法可能没什么问题,但是随着时间的推移,共同点的重要性会锐减,毕竟差异的出现是不可避免的。真正合适的人不是跟我们品位相同的人,而是能巧妙地与我们求同存异的人。

判断一个人是不是"对"的人,与其看两个人是否完美互补,不如看双方容忍差异的能力如何。合适是相爱的成果,而不是相爱的先决条件。

结 论

大家普遍认可在生育之前应该去参加培训课程——现在所有发达国家受过教育的人都已经把这个做法当成一种新的常态。

然而，截至目前，婚前培训的想法却还没有普及。我们都能看到缺少这种培训课程带来的后果。

现在，我们应该抛弃浪漫主义那种基于直觉的婚姻观了，我们要把结婚当成滑冰或者拉小提琴这样的技能来看，并且勤加练习。练多了，就会觉得婚姻并不复杂，也不需要系统的指导了。

目前，我们正在改写结婚誓词，正在设置婚姻相关的培训课程。在这些婚姻基础设施建设的过程中,所有人的努力都值得赞颂。

这样的努力极为艰辛,但得到的支持寥寥无几。所以即使我们经常碰壁,也不足为奇。

问爱情故事有什么作用,听起来有些奇怪。通常来讲,我们不会好奇虚构的故事在真实的生活中应该扮演什么角色,这些故事我们一般都是拿来读着玩的。

然而,爱情小说作为一种重要的文化资源,读着玩是远远不够的。爱情小说可以给我们提供一种生活体验。我们可以把它当成一种"生活模拟器",就像飞行模拟器一样,能让我们安全地体验现实生活中可能会经历的一切。

如果这些事都发生在我们的现实生活中,可能我们全部体验完需要好几年,并且有些事还会给我们带来巨大的风险。在没有帮助的情况下,我们的移情能力和理解能力都很弱,与他人的内心世界相隔绝;我们的经验和时间也有限,只能亲自接触世界的一小部分。

结论

  小说扩展了我们的生活范围,把我们带入陌生人的隐秘意识中,让我们身临其境地体验现实中的恐惧与冲动,体验比自己的人生更丰富的生活。

  小说可以通过以下三种方式为我们提供帮助。

1.
作为警示故事

爱情故事可以起到给我们提供警示的作用,提醒我们注意那些容易被我们忽略的危险:嫉妒会给我们带来什么,冷漠会对一段关系产生什么影响,欲望会将我们引向何处……

爱情故事会把人性格里那些明显的小问题和巨大的灾难联系在一起,通过这些联系把危险和隐患展现在我们面前,阻止我们犯蠢和闯祸。

2.
作为流程图

　　爱情故事提供了爱情的发展模式、战胜困难的示范、成熟的案例和智慧的启迪。故事里那些解决问题的方法，可能是别人根据多年来的惨痛经历总结出来的，我们可以认真借鉴，来解决我们自己的问题。

3.
作为指引

有很多美好的事情我们可能都没法近距离接触,但爱情小说可以为我们创造体验。

爱情故事里,可能有一对知道如何优雅又幽默地解决问题的夫妻,可能有一位威严又善良的父亲,还可能有一位放弃追名逐利的政治家。这些故事并不只是让我们知道世界上还有这样的人存在,还让我们在这些人物的陪伴下,多少受到一些人性光辉的影响。

可惜的是,很多爱情小说质量都很差。质量差的意思是,这些小说没有可供我们借鉴的流程图,我们没法参考这些故事来处理自己婚姻中的困难。

结论

在一段关系遇到极大艰难险阻的时刻,我们的悲伤往往因为一种特殊的认知而变得更加复杂——我们固执地认为,自己所承受的,是唯独降临在我们身上的异乎寻常的困境。

我们对爱情生活的态度很大程度上受到了浪漫小说传统的影响(如今,这种传统不仅在文学中得到发展,在视频、音乐和广告中也得到了发展)。浪漫主义爱情小说的叙事方法无意中为我们构建了一个可憎的模板,告诉我们爱情应该是什么样子。参照这个模板,我们很容易觉得自己的爱情生活很悲惨,进而对自己的爱情不满意。我们选择分手或者感觉自己受到了诅咒,很大一部分原因在于我们接触了错误的文学作品。

如果这种错误的类型被称为浪漫主义,那么非常少见的正确类型就可以算作古典主义。以下是一些区别。

(1)情节

浪漫主义小说：剧情的展开完全围绕着情侣如何走到一起。但真实的爱情故事并不是这样。走到一起只不过是爱情的开始。小说中爱情的诞生之路布满荆棘，读者的兴趣就在于看两个人如何披荆斩棘。其中可能有误解、霉运、偏见、战争、情敌或者对亲密关系的恐惧，还可能有最令人感叹的羞怯，但历经磨难，有情人终成眷属。爱情开始了，故事也结束了。

古典主义小说：这种故事更加清醒，没有那么吸引人，因为剧情围绕的不是如何找到另一半，而是随着时间的推移两个人如何为对方做出妥协。古典主义小说中，两个人在一起并不是故事的高潮，这一点与浪漫主义小说截然相反。古典主义将两人走到一起视为一段旅程的开端，这段旅程更为漫长、有着更多的矛盾，但也在平淡中凸显着两个人的英勇，这样的爱情是需要智慧和反思的。

（2）工作

浪漫主义小说：人物可能有工作，但总体上对他们的心理状态没什么影响。工作内容不体现在情节中，人物的工作不会影响他们对爱情的理解。

古典主义小说：工作实际上是生活的重要组成部分，在恋爱关系的塑造中起着压倒性的作用。无论人物的性格如何，很多时候都是工作上的压力造成了两人之间的矛盾。

（3）孩子

浪漫主义小说：孩子是两个人爱情的结晶，顽皮可爱，很少哭闹，不怎么需要人陪，并且一般都天资聪颖。

古典主义小说：婚姻关系从根本上是以生养孩子为导向的，与此同时，孩子的出现也给夫妻双方带来了难以承受的压力，扼杀了二人世界独有的激情。生活由此从精彩走向平淡。玩具堆在客厅，桌子下有鸡块，交流的时间根本没有，两人每天都累得不行。这，也是爱情。

（4）生活实际

浪漫主义小说：对谁做家务只有模糊的概念。故事里的家务和爱情没有关系。做家务有一种破坏性的力量，重视家务的人很容易在恋爱关系中感觉不快乐。我们不太可能看到夫妻怎么对待孩子的作业，或者四岁以下的小孩看什么电视节目等。

古典主义小说：婚姻更是一种制度，而不仅仅是一种情感。婚姻制度的一部分就是两个人作为一个经济团体，携手教育下一代。这绝不是什么平庸的事，而是真正的英雄主义，尤其体现在洗衣服上。

(5) 性

浪漫主义小说：性和爱是不可分割的，爱的高潮便是性。因此，浪漫主义认为，出轨是个致命的问题。如果和对的人在一起，就不可能会出轨。

古典主义小说：长期的爱情可能不会为性创造最好的前提条件。爱和性是生活中两个截然不同的主题，甚至可以说有着天壤之别。所以，在性上面出现问题无法表明一段关系总体上是失败的。

(6) 合适

浪漫主义小说：关注主角的灵魂是否和谐。爱情生活最根本的挑战就是找到一个完全理解我们的人，与对方在一起不再需要藏着秘密。浪漫主义相信，爱情就是要找到另一半——我们的灵魂伴侣。爱不是训练或教育，而是一种本能、一种感觉，爱的作用是神秘的。

古典主义小说：没有人能完全理解别人。人物一定有秘密，一定会孤独，一定有妥协。我们必须学会如何经营好婚姻关系，这是可以通过学习掌握的技能。爱不只是与生俱来的一种天赋。

结论

浪漫主义小说对我们没有什么帮助。这类小说含有误导性的内容，会给我们带来不切实际的希望和期待，让我们根据里面的故事形成对自身的评价。按照这类爱情小说的标准，我们每一段恋爱关系都千疮百孔，都不尽如人意，所以也难怪分手或者离婚成了我们不可避免的结局。

我们需要改变我们阅读的内容。我们读的故事应该能告诉我们恋爱关系究竟应怎样发展，告诉我们婚恋中出现问题是正常现象，并且能给我们指出一条明路，教我们如何解决这些问题。

图书在版编目(CIP)数据

为什么会爱错人 / 英国人生学校著;马思遥译. 北京:中信出版社, 2025.6. -- ISBN 978-7-5217-7553-2

Ⅰ. C913.1-49

中国国家版本馆CIP数据核字第20259WN108号

WHY YOU WILL MARRY THE WRONG PERSON
Copyright © 2017 by The School of Life
Simplified Chinese translation copyright © 2025 by CITIC Press Corporation
ALL RIGHTS RESERVED
本书仅限中国大陆地区发行销售

为什么会爱错人
主编:[英]阿兰·德波顿
著者:[英]人生学校
译者:马思遥
出版发行:中信出版集团股份有限公司
(北京市朝阳区东三环北路27号嘉铭中心 邮编 100020)
承印者:北京联兴盛业印刷股份有限公司

开本:787mm×1092mm 1/32　印张:2.25　字数:37千字
版次:2025年6月第1版　印次:2025年6月第1次印刷
京权图字:01-2024-5860　书号:ISBN 978-7-5217-7553-2
定价:35.00元

版权所有·侵权必究
如有印刷、装订问题,本公司负责调换。
服务热线:400-600-8099
投稿邮箱:author@citicpub.com

"人生学校"系列

《该有下一次约会吗》
《还会找到真爱吗》
《真的真的准备好结婚了吗》
《我们能不能不吵了》
《如何修复破碎的心》
《该结束这段感情吗》
《如何面对婚姻的考验》
《为什么会爱错人》
《关于性,我们想得太少》
《如何面对爱情里的失望》
《情侣关系手册》(暂定名)

图书策划 中信出版·24小时工作室
总策划 曹萌瑶
策划编辑 蒲晓天 杨思艺
责任编辑 杨思艺
营销编辑 生活美学营销组
装帧设计 APT

出版发行 中信出版集团股份有限公司
服务热线:400-600-8099 网上订购:zxcbs.tmall.com
官方微博:weibo.com/citicpub 官方微信:中信出版集团
官方网站:www.press.citic